Muss der Waschbär früh ins Bett?

Mit den Tieren durch den Tag

VERGLEICHE DIE TIERE MIT DIR

KOSMOS

Wie wohnst du? Lebst du in einem Haus oder in einer Wohnung? Es gibt kleinere Häuser, in denen nur eine Familie wohnt und riesige Hochhäuser, in denen viele Menschen zusammenwohnen. Manche Familien leben aber auch in einem Wohnwagen oder auf einem Hausboot. So können sie ihr Zuhause mitnehmen. Wie wohnen die Tiere?

Wohnen

Schnecke

Die Schnecke hat ihr Haus immer dabei. Bei schlechtem Wetter oder bei Gefahr, verkriecht sie sich in ihr rundes Heim. Ihr Haus besteht aus Kalk, den selbst ein spitzer Vogelschnabel nicht zerhacken kann.

Auch Ameisen leben in riesigen Gruppen zusammen. Zu einem Ameisenvolk gehören bis zu einer Million Ameisen. Sie leben in großen Hügeln im Wald, die mehrere Meter hoch sein können. Solch ein Hügel besteht vor allem aus Baumnadeln, Holzstückchen, Erde und vielen, vielen Gängen.

Ameise

Biber

Die Wohnung des Bibers nennt man Burg. Man erkennt sie schon von weitem an einem großen Haufen Zweige und Äste, die aus dem Wasser ragen. Der Eingang befindet sich unter Wasser. Der Wohnkessel liegt etwas höher, damit es dort warm und trocken ist.

Auch in alten Bäumen leben Tiere. Größere Baumlöcher nutzen Eulen gerne als Wohnung. Dort schlafen sie tagsüber. Außerdem legen sie dort ihre Eier hinein. Wenn aus den Eiern junge Eulen schlüpfen, sind diese im Baum gut vor Feinden geschützt.

Eule

Wildkaninchen

Wildkaninchen mögen es gern gesellig. Sie leben mit mehreren Familien zusammen unter der Erde in einem Bau. Der Bau hat viele verschiedene Ein- und Ausgänge und mehrere Wohnkessel. In diesen Höhlen dösen oder schlafen die Kaninchen.

Wenn es im Winter kalt wird, ziehst du dich warm an. Mit Mütze, Jacke, einer langen Hose, Handschuhen und gefütterten Schuhen frierst du auch nicht, wenn es draußen eiskalt ist oder schneit. Tiere besitzen keine Kleidungsstücke. Trotzdem müssen sie nicht frieren.

Sich anziehen

Amsel

Singvögel wie die Amsel sehen im Winter oft ziemlich dick aus. Sie haben sich aber keinen Speck angefressen, sondern plustern ihr Gefieder auf. Dadurch kommt weniger Kälte und Wind an ihre Körper heran.

Am Südpol, wo die Pinguine leben, sind die Winter besonders kalt. Die Pinguine stehen dort fast immer in großen Gruppen, ganz dicht aneinander gekuschelt. Zusammen verlieren sie weniger Wärme und sind vor dem eisigen Wind gut geschützt.

Pinguin

Sogar wenn Teiche und Seen zugefroren sind, sieht man die Enten auf dem Eis herumwatscheln. Warum frieren sie nicht? Das Blut, das in die Füße fließt, kühlt auf fast 0 Grad ab. Daher sind die Entenfüße sowieso schon kalt und frieren auch nicht auf dem Eis fest.

Ente

Fuchs

Dem Fuchs wächst im Winter ein dickes Winterfell. Es schützt ihn bei der Futtersuche vor Kälte und Nässe. An besonders kalten Tagen versteckt sich der Fuchs in seiner Höhle. Dann rollt er sich ein und bedeckt seine Schnauze mit seinem buschigen Schwanz.

Der Igel verschläft den Winter einfach. Im Herbst frisst er sich einen dicken Winterspeck an und verkriecht sich dann in einem Haufen Laub oder an einem anderen warmen Ort. Erst wenn die Frühlingssonne die Erde wieder wärmt, kommt er aus seinem Versteck.

Igel

Wenn du Lebensmittel isst, dann zerkleinerst du sie erst mit den Zähnen, bevor du sie hinunterschluckst. Wir können uns von Fleisch und von Pflanzen ernähren. Viele Lebensmittel, wie Obst und Gemüse waschen wir erst, bevor wir sie essen. Wenn du sehr hungrig bist, gibst du wahrscheinlich nur ungern etwas von deinem Essen ab. Häufig schmeckt es aber besonders gut, wenn man mit anderen zusammen isst. Bei den Tieren unterscheidet man Pflanzenfresser, Fleischfresser und Allesfresser.

Essen

Waschbär

Lange Zeit haben Forscher geglaubt, dass der Waschbär seine Nahrung wäscht. In Wirklichkeit tastet er im Wasser nach Fischen, Fröschen oder Krebsen. Bevor er seine Beute verspeist, befühlt er sie mit seinen Pfoten genau, um sie zu überprüfen. Außer Tieren frisst er auch Obst und Nüsse. Waschbären, die in Zoos leben, bringen ihre Nahrung auch häufig ans Wasser.

Ameisen sind beim Futter nicht wählerisch. Sie ernähren sich von allem was ihnen begegnet: Spinnen, Fliegen und Raupen, Samen und Früchte. Ihre Fundstücke werden in den Ameisenbau transportiert und dort geteilt. Manchmal füttern sich Ameisen sogar gegenseitig.

Ameise

Kuh

Die Kuh kaut ihre Nahrung mehrmals. Sie frisst vor allem Gras — das ist ziemlich schwer verdaulich. Sie schluckt das Gras zunächst herunter ohne es zu kauen. Anschließend würgt sie es mehrmals wieder hoch, um es wieder und wieder mit ihren Backenzähnen zu zermahlen.

Schlange

Haps und weg — egal wie groß ihre Beute ist, die Schlange verschlingt sie am Stück. Die Nahrung wird erst im Magen zerkleinert. Die Schlange frisst gern Kröten, aber sie schafft es auch einen ganzen Hirsch hinunterzuwürgen, denn sie kann ihren Kiefer ausklinken. Von einer Mahlzeit kann sie viele Monate überleben!

Leopard

Der Leopard ist ein Fleischfresser. Er teilt seine Beute nicht gerne. Wenn er ein Tier, zum Beispiel eine Gazelle getötet hat, wuchtet er es auf einen Baum, um es dort in aller Ruhe zu verspeisen.

Wenn du Durst hast, trinkst du aus einem Glas oder einer Flasche oder auch einfach aus dem Wasserhahn. Dazu lässt du das Getränk in deinen Mund laufen und schluckst die Flüssigkeit dann hinunter. Trinkst du auch manchmal gerne mit einem Trinkhalm? Trinken ist wichtig! Ohne zu trinken, kannst du nur wenige Tage überleben. Manche Tiere kommen viel länger ohne Wasser aus.

Trinken

Hund

Hast du schon einmal beobachtet, wie ein Hund trinkt? Der Hund formt seine Zunge wie einen Löffel, taucht sie dann schnell ins Wasser ein und schleudert die Flüssigkeit schließlich in sein Maul hinein. Dabei kleckert er oft ziemlich viel!

Trinken kann für die Giraffe ganz schön gefährlich werden. Warum? Damit die Giraffe mit dem Mund an ein Wasserloch kommt, muss sie ihre Beine spreizen und den Kopf hinunterbeugen. Wenn sie in diesem Moment ein Feind überrascht, kann sie nicht so schnell flüchten.

Giraffe

Ein Kamel kann sehr viel Wasser auf einmal trinken, so viel wie in eine Badewanne passt. Es kann mehrere Monate ohne Wasser überleben. Das Wasser wird allerdings nicht im Höcker gespeichert. Dort befindet sich Fett, von dem das Tier lebt, wenn es längere Zeit keine Nahrung findet.

Kamel

Elefant

Trinkt ein Elefant mit seinem Rüssel? Nein. Er saugt das Wasser nur mit seinem Rüssel an und spritzt es sich dann in sein Maul. In seinen Rüssel passen bis zu 10 Liter auf einmal. Das ist ein großer Eimer voll.

Wüstenspringmaus

Wüstenspringmäuse müssen gar nicht trinken! Sie sind ohnehin nur nachts unterwegs, wenn es kühler ist. Tagsüber verstecken sie sich vor der Hitze in Höhlen unter der Erde. Das wenige Wasser, das ihr Körper benötigt, bekommen sie aus den Wurzeln, den Samen und anderen Pflanzenteilen, die sie fressen.

Deine Zähne musst du jeden Tag mehrmals putzen, um die Essensreste in den Zwischenräumen zu entfernen und damit sie keine Löcher, das nennt man Karies, bekommen. Du bekommst zweimal im Leben neue Zähne. Als Kleinkind hast du 20 Milchzähne. Meist fallen die ersten Milchzähne aus, bevor du in die Schule kommst. Und wie ist es bei den Tieren? Putzen sie ihre Zähne? Bekommen sie auch neue Zähne?

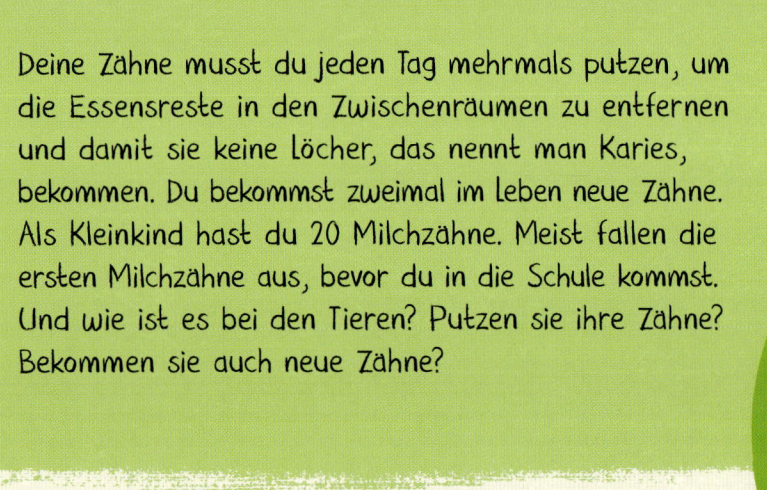

Zähne putzen

Schön sehen die gelben Zähne des Bibers nicht aus. Aber er hat die stärksten Zähne! Mit seinen vier Schneidezähnen kann der Biber einen dicken Baumstamm in kürzester Zeit fällen. Die Zähne werden niemals stumpf. Sobald der Biber auf etwas herumnagt, zum Beispiel auf einem Ast, schärfen sich seine Zähne von selbst.

Biber

Hai

Der Hai lässt seine Zähne putzen — durch Putzerfische. Nachdem er seine Beute verspeist hat, öffnet er sein Maul, damit die Putzerfische die Essensreste zwischen seinen Zähnen herauspicken können. So werden die Haizähne sauber und die kleinen Fische satt. Zahnlücken gibt es bei Haien nicht. Denn hinter jedem Zahn liegen mehrere Ersatzzähne, die direkt vorrücken, wenn der Hai einen Zahn verliert.

Krokodil

Das Krokodil braucht seine Zähne nicht zu putzen. Seine Zähne stehen so weit auseinander, dass kaum Essensreste hängen bleiben. Wenn dem Krokodil mal ein Zahn ausfällt, ist das auch nicht schlimm. Der Zahn wächst sofort nach.

Wenn du trinkst und isst, musst du auch irgendwann zur Toilette. Fast jedes Haus besitzt eine Toilette mit Wasserspülung. Bei einem Ausflug in die Natur hast du vielleicht auch schon mal einfach ein Gebüsch als Toilette benutzt. Früher, als es noch keine Toiletten gab, haben die Menschen schnell eine Grube ausgehoben. Nicht alle Tiere sind so sauber wie wir.

Auf die Toilette gehen

Taube

Platsch! Taubenkot kommt fast immer von oben. Denn wie viele andere Vögel landet die Taube nicht extra, wenn sie mal muss. Urin und Kot gibt sie meist gleichzeitig ab. Auf diese Weise entstehen die weißen Flecken mit der dunkleren Mitte, die du oft auf Gebäuden, auf Autos oder auf dem Boden entdecken kannst.

Der Luchs vergräbt seinen Kot in der Erde. Wenn der Boden weich genug ist, verscharrt er seinen Kot mit den Pfoten. In der Paarungszeit benutzt er Kot und Urin aber auch, um sein Revier zu kennzeichnen. Das verhindert, dass ein anderer Luchs in seinen Lebensraum eindringt.

Luchs

Dachs

Der Dachs ist ein sehr reinliches Tier. Er baut in der Nähe seinen Baus kleine Gruben, die er als Toilette benutzt. Diese Löcher werden auch Latrinen genannt. Wenn eine seiner Toiletten voll ist, bedeckt er sie mit Erde.

Nilpferd

Wenn ein Nilpferdmännchen mit seinem großen Geschäft fertig ist, benutzt es seinen Schwanz wie einen Propeller, um den Kot im Wasser oder auch an Land möglichst weit zu verteilen. So markiert es sein Revier.

Als du klein warst, bist du zuerst auf allen vieren gekrabbelt oder gerobbt, später bist du gelaufen. Dann hast du Hüpfen, Springen und Klettern gelernt. Vielleicht kannst du sogar schon schwimmen. Nur fliegen können wir Menschen nicht selbst. Aber wir können uns in einem Flugzeug fliegen lassen oder mit einem Heißluftballon fahren. Die Tiere bewegen sich ganz unterschiedlich fort.

Laufen Hüpfen Klettern

Kolibri

Ein richtiger Flugkünstler ist der kleine Kolibri. Er kann so schnell mit seinen Flügeln schlagen, dass er ohne Probleme in der Luft auf der Stelle stehen bleiben kann. Außerdem ist er der einzige Vogel der Welt, der auch rückwärts fliegen kann.

Faultier

Das Faultier lebt in Baumwipfeln bis zu 40 Metern über der Erde. Es hat eine besondere Klettertechnik. Es schlingt seine langen Krallen, wie Kletterhaken, um einen Ast und bewegt sich dann, mit dem Kopf und Rücken nach unten hängend, vorwärts. Laufen kann es mit seinen Krallen nicht. Auf der Erde robbt es auf dem Bauch.

Regenwurm

Der Regenwurm kommt auch ganz ohne Beine und Arme vorwärts. Sein Körper besteht aus vielen, vielen Muskelringen. Abwechselnd zieht er seine Muskeln zusammen und streckt sie wieder. Wie eine Ziehharmonika kriecht er vorwärts.

Braunbär

Der Braunbär läuft meist auf vier Pfoten. Er kann auch auf zwei Füßen stehen. Das macht er, um die Umgebung zu erkunden, einen Feind zu vertreiben oder hoch oben eine leckere Speise, zum Beispiel Früchte, zu ernten. Im Wasser benutzt er seine Vorderbeine wie zwei Paddel.

Känguru

Das Känguru ist meist hüpfend unterwegs. Mit seinen kräftigen Hinterbeinen kann es riesige Sprünge von mehreren Metern machen und bis zu 50 Kilometer in der Stunde erreichen — so schnell fährt ein Auto in der Stadt. Weite Strecken sind für das Känguru daher kein Problem.

Die ersten Menschen gingen auf die Jagd oder sammelten Pflanzen. Heute gehst du in den Supermarkt. Dort gibt es Brot, Fleisch, Obst und Gemüse und viele andere Leckereien. Manche Familien haben auch einen Garten, in dem sie eigenes Obst oder Gemüse anbauen, andere halten sich Tiere, wie Hühner, Kühe oder Schweine, von denen sie frische Eier, Milch oder Fleisch bekommen. Viele Menschen besitzen auch einen Keller oder einen Vorratsraum, indem sie Vorräte lagern können, damit sie nicht ständig einkaufen gehen müssen. Für Tiere ist das nicht so einfach!

Einkaufen

Tiger

Der Tiger geht auf die Jagd. Er pirscht sich an seine Beute heran und springt dann von hinten auf das Tier. Zu seiner Nahrung gehören Hirsche, Antilopen und Wildschweine. An einem größeren Beutetier kann er sich für mehrere Tage satt essen.

Um sich Futter zu besorgen, taucht der Pelikan seinen Schnabel wie einen Kescher ins Wasser. Das Wasser wird wieder aus dem Schnabel herausgepresst. Kleinere und größere Fische bleiben übrig und können direkt verspeist werden.

Pelikan

Geier

Geier gehen nicht selbst auf die Jagd. Sie essen das, was andere übrig lassen. Wenn ein Raubtier eine Beute verspeist, lauern die Geier in der Nähe der Futterstelle, bis das Tier seinen Fang verlässt. Dann machen sich die Vögel über die Reste, die man auch Aas nennt, her.

Spinne

Die Spinne jagt Mücken und Fliegen ohne sich dabei besonders an-zustrengen. Sie baut ein Netz aus klebrigen Fäden und wartet in der Nähe des Netzes bis ein Insekt an dem Netz hängen bleibt. Dann läuft sie hin, um das Insekt einzuwickeln und als Vorrat aufzuhängen.

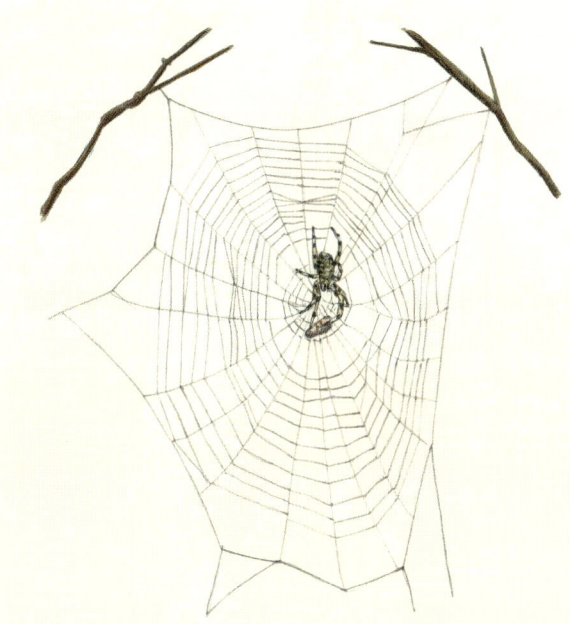

Feldhamster

Der Feldhamster besitzt in seinem Bau unter der Erde meist mehrere Vorratskammern, die er für den Winter mit einer riesigen Menge an Getreidekörnern und Samen vollstopft. Seine Vorräte trägt er, wie in einer Einkaufs-tasche, in seinen Backentaschen zum Bau.

Bestimmt spielst du gern! Es gibt sehr viele unterschiedliche Spiele. Du kannst allein oder mit anderen spielen, drinnen oder draußen, mit oder ohne Spielzeug. Was spielst du am liebsten? Genau wie bei den Menschen spielen vor allem junge Tiere. Wie und womit spielen die Tiere?

Spielen

Bei den Delfinen spielen auch die erwachsenen Tiere gerne. Sie reiten auf Schiffswellen oder schwimmen miteinander um die Wette. Außerdem stupsen sie auch gerne Quallen oder Kugelfische mit ihrer Schnauze an und spielen dann mit den Tieren.

Delfin

Kleine Füchse balgen ständig miteinander. Sie stupsen sich mit den Nasen an, jagen sich gegenseitig, springen aufeinander oder zwicken einander mit den Zähnen in die Ohren. Im Spiel üben die kleinen Füchse Beute zu fangen und sich zu verteidigen.

Die Katze spielt gerne mit ihrer Beute. Wenn sie mit ihren Tatzen eine Maus gefangen hat, lässt sie diese immer wieder los, um ihr dann wieder ein Stück hinterherzujagen. Wenn der Katze irgendwann zu langweilig wird, isst sie ihr Spielzeug einfach auf.

Katze

Wenn du mit deinen Freunden oder Geschwistern zusammen bist, gibt es auch immer mal wieder Streit. Vielleicht zankt ihr euch um ein Spielzeug, um Süßigkeiten oder um einen Sitzplatz im Auto. Bist du richtig wütend, kannst du das in deinem ganzen Körper spüren und deine Stimme verändert sich. Auch Tiere streiten — und das kann, genau wie bei uns Menschen — ganz schön laut und heftig sein.

Streiten

Möwe

Möwen haben ständig Hunger, aber sie teilen nicht gern. Wenn ein Tier einen Wurm oder einen Fisch entdeckt hat, stürzen sich oft kreischend mehrere Möwen darauf. Dann wird an dem Leckerbissen herumgezerrt und gezogen.

Hirsch

Diese beiden Hirsche streiten um ein Weibchen. Zunächst versucht der Hirsch seinen Gegner durch lautes Röhren zu vertreiben. Lässt sich der andere Hirsch nicht einschüchtern, kann es auch zu einem Kampf kommen. Dann lassen die Hirsche ihre Geweihe immer wieder aneinanderkrachen.

Meeresschildkröte

Meeresschildkröten legen ihre Eier an der Küste ab. Dabei gibt es manchmal Streit um die besten Plätze. Denn der Ort für die Eier sollte warm und trocken und dennoch nicht zu weit vom Wasser entfernt sein. Durch lautes Fauchen versuchen die Schildkrötenweibchen einen guten Platz für ihren Nachwuchs zu sichern.

23

Wenn du Hunger oder Durst hast, kannst du das sagen. Auch wenn dir etwas weh tut, du traurig bist oder Angst hast, kannst du darüber sprechen. Das ist sehr hilfreich! Mit deiner Stimme kannst du flüstern, rufen, kreischen und sogar singen. Singvögel wie die Amsel oder die Lerche können wunderschön mit ihrer Stimme zwitschern. Gibt es noch andere Tiere, die singen oder sprechen können?

Sprechen Singen

Papagei

Einem Papagei kann man das Sprechen beibringen. Die Zunge von Papageien ist viel beweglicher als bei anderen Vögeln. Außerdem sind Papageien sehr schlaue Tiere. Besonders Graupapageien können sich oft mehrere hundert Wörter merken und diese nachplappern.

Sobald eine Biene eine gute Futterquelle entdeckt hat, fliegen kurze Zeit danach auch die anderen Bienen dorthin. Woran liegt das? Die Biene tanzt vor ihren Artgenossen herum. Der Bienentanz ist wie eine eigene Sprache und verrät den anderen, wo sich die Nahrung befindet.

Biene

Buckelwal

Wusstest du, dass auch Wale unter Wasser miteinander sprechen? Buckelwale machen verschiedene Laute, die sie wie Strophen in einem Lied wiederholen. Daher nennt man ihre Geräusche auch Walgesang. Vor allem die männlichen Buckelwale singen oft stundenlang.

Frosch

Wenn du abends in der Nähe eines Teiches spazieren gehst, kannst du dir ein Froschkonzert anhören. Die Froschmännchen besitzen an ihrem Maul Schallblasen, mit denen sie sehr laut quaken können. Mit diesen Geräuschen versuchen sie die Froschweibchen anzulocken.

Murmeltier

Murmeltiere können laut pfeifen. Bei Gefahr können sie sich so gegenseitig vor Feinden warnen. Wenn ein Murmeltier zum Beispiel einen Adler oder einen Fuchs sieht, stößt es einen lauten Pfeifton aus und die anderen Murmeltiere verschwinden schnell in ihren Höhlen unter der Erde.

Deinen Körper musst du regelmäßig waschen. Dazu brauchst du Wasser. Mit Seife oder Duschgel und Shampoo lassen sich Schmutz und Bakterien leicht von Haut und Haaren entfernen. Viele Tiere nehmen besonders an heißen Tagen gerne ein Bad in einem Fluss oder See um sich abzukühlen, dabei werden sie auch gleichzeitig sauber. Tiere können sich aber auch ohne Wasser reinigen.

Sich waschen

Pavian

Paviane helfen sich gegenseitig bei der Fellpflege. Zu zweit sitzen sie sich dann gegenüber und picken sich gegenseitig vor allem kleine abgestorbene Hautschuppen und auch die ein oder andere Laus aus dem Fell und stecken diese in ihr Maul. Daher nennt man diese Fellpflege auch Lausen.

Katze

Die Katze ist ein sehr sauberes Tier. Sie verbringt viele Stunden am Tag mit ihrer Fellpflege. Sie leckt ihr Fell mit ihrer Zunge ab oder benutzt ihre Pfoten als Waschlappen. Dazu befeuchtet sie ihre Tatzen im Maul und streicht dann mit den feuchten Pfoten Schmutz und kleine Tiere aus ihrem Fell heraus. Kleine Katzenjunge werden von ihrer Mutter abgeleckt.

Schwein

Schweine baden im Schlamm. Nach dem Herumwälzen im Matsch lassen sie den Schlamm zunächst trocknen und scheuern ihn dann an einem Baum oder Zaun ab. Dadurch lösen sich alte Hautschuppen und die Schweine befreien sich gleichzeitig von Flöhen, Läusen und Zecken, die im Fell sitzen.

Der Büffel muss sich nicht selbst um seine Körperpflege kümmern. Kleine Vögel, die auch Madenhacker genannt werden, übernehmen diese Aufgabe gern. Denn sie ernähren sich von kleinen Tieren, die sich in den Hautfalten verstecken.

Büffel

Pferd

Wenn ein Pferd sauber werden möchte, nimmt es ein Sandbad. Mit viel Vergnügen wälzt es sich dann mit seinem Rücken im Sand und tötet gleichzeitig lästige Insekten ab. Anschließend schüttelt es sich einmal kräftig, um den Staub wieder loszuwerden.

Abends, wenn du müde bist, legst du dich in dein Bett. Wahrscheinlich liegt dein Kopf auf einem weichen Kopfkissen und du deckst dich mit einer Decke zu, damit dir in der Nacht nicht kalt wird. Wie schläfst du am liebsten? Auf dem Bauch, auf der Seite oder eingerollt wie ein kleines Baby? Wie schlafen die Tiere?

Schlafen gehen

Huhn

Hühner schlafen gerne auf Ästen oder Stangen, da sie dort vor Feinden, zum Beispiel vor dem Fuchs, sicher sind. Um sich gegenseitig zu wärmen, rücken die Hühner gerne eng zusammen. Und warum fallen sie beim Schlafen nicht herunter? Sie schlingen ihre Krallen fest um die Stangen.

Fledermaus

Die Fledermäuse schlafen kopfüber. Sie halten sich nur mit den Füßen an einer Höhlenwand oder in einer Felsspalte fest. Eingewickelt in ihre Flügel haben sie es schön warm. Fledermäuse schlafen am Tag und werden erst wach, wenn es draußen dunkel wird.

Waschbär

Der Waschbär muss nicht früh ins Bett! Er verschläft meist den ganzen Tag. Sobald es dunkel wird, verlässt er seinen Schlafplatz und geht auf Futtersuche. Wenn du morgens aufstehst, ist der Waschbär so müde, dass er erschöpft auf einem Baum, in einer Baumhöhle oder auf einem Dachboden einschläft. Zum Schlafen rollt er sich gerne ein.

Eichhörnchen

Das Eichhörnchen baut sich zum Schlafen ein extra Nest aus Zweigen und Blättern hoch oben im Baum, das man auch Kobel nennt. Es ist mit weichem Moos und Gras ausgepolstert. Zum Schlafen rollt sich das Eichhörnchen ein. Seinen Schwanz benutzt es als kuschelige Bettdecke.

Flamingo

Hast du schon mal versucht im Stehen zu schlafen? Flamingos tun das, damit sie bei Gefahr schnell flüchten können. Der Flamingo versteckt sogar noch abwechselnd eines seiner Beine im Gefieder, damit es nicht auskühlt. Auch der Schnabel wird zum Schlafen in die flauschigen Federn gesteckt.

© 2017, Franckh-Kosmos Verlags-GmbH & Co. KG, Stuttgart
Alle Rechte vorbehalten

ISBN 978-3-440-15586-8
Redaktion: Ruth Prenting. Text: Svenja Ernsten. Illustrationen: Tobias Pahlke
Umschlag, Gestaltung und Satz: ancutici kommunikationsdesign, Stuttgart
Produktion: Verena Schmynec. Druck und Bindung: Gugler GmbH, Melk
Printed in Austria / Imprimé en Autriche

Weniger schlecht ist uns nicht gut genug!

Sie halten ein rundum sauberes Buch in Ihren Händen, das nach dem zertifizierten Cradle to Cradle-Prinzip gedruckt wurde. Bei diesem Verfahren werden keine Rohstoffe verbraucht sondern lediglich gebraucht – es gibt keinen Abfall, alles fließt rückstandsfrei in den biologischen Kreislauf zurück.

Wir haben umweltfreundliches Papier aus nachhaltiger Forstwirtschaft ausgewählt und drucken mit Pflanzenölfarben, die garantiert frei von Bisphenol A, VOC, CMR und Mineralölen sind. Ein einmaliges Herstellungsverfahren in Österreich ermöglicht einen klimapositiven Druck.

Das Buch hinterlässt keinen giftigen Abfall, ist für die Gesundheit unbedenklich und nicht allergieauslösend. Zum Wohle des Wichtigsten, was wir haben: Der Natur und unserer Kinder!

Weitere Informationen zum Cradle to Cradle-Herstellungsverfahren und zur Nachhaltigkeit bei KOSMOS finden Sie auf www.kosmos.de/natur-von-anfang-an

Dieses Papier stammt aus nachhaltig bewirtschafteten Wäldern und kontrollierten Quellen. www.pefc.at

Gedruckt nach der Richtlinie „Druckerzeugnisse" des Österreichischen Umweltzeichens. gugler*print, Melk, UWZ-Nr. 609, www.gugler.at

Höchster Standard für Ökoeffektivität. Cradle to Cradle ™ zertifizierte Druckprodukte innovated by gugler, ausgenommen Bindung & Folienkaschierung.